Quarto de Guerra na Prática

Penkal
TUDO EM LIVROS, LIVROS PARA TODOS.

Quarto de Guerra na Prática

Direção Geral
Adriel Ribeiro Penkal

Coordenador Editorial
Cristiano Braz Jorgini

Editor(a)
Isabelle S. Alves

Projeto Gráfico
Hendrick Ventura

Diagramação
Hendrick Ventura

Capa
Hendrick Ventura

ISBN: 978-65-277-0217-7

R. Antônio Sabino, 203 - Parque Industrial - Ibiporã - PR
www.livrariasfamiliacrista.com.br

Sumário

Introdução

Você já sentiu que suas orações parecem não ultrapassar o teto, como se a correria do dia a dia estivesse sufocando aquele momento precioso de intimidade com Deus? Se a resposta for sim, este livro é um chamado para você. *Quarto de guerra na prática* é uma oportunidade para transformar a oração em uma experiência viva e poderosa, uma conexão intensa com o Pai que renova e fortalece.

Neste livro, não ofereço apenas reflexões sobre a importância da oração, mas também orientações práticas para que você estabeleça seu próprio espaço "sagrado", seu *Quarto de Guerra*. Descubra como um simples canto em sua casa pode se tornar um lugar de crescimento espiritual, onde lágrimas se transformam em esperança e sonhos se alinham com os propósitos de Deus.

Aqui, compartilharei a experiência de uma pessoa conhecida, a história inspiradora de uma pessoa que buscou transformação e encontrou na oração a chave para superar desafios e agir com fé. Quem será essa pessoa? Tente adivinhar conforme ler sua história.

Este não é um livro para ser apenas lido, mas para ser vivido [por isso "na prática" haha]. A cada ensinamento, você será encorajado a colocar em prática o que aprendeu e a testemunhar os frutos dessa caminhada.

Este livro é um companheiro para quem deseja se aprofundar na fé e viver de maneira autêntica. Cada página foi escrita para motivá-lo a fortalecer seu relacionamento com Deus, a interceder por outros e a ser luz em meio às sombras deste mundo. As páginas interativas ao final oferecem espaço para registrar os momentos significativos da sua trajetória, tornando esta experiência única e transformadora.

Seja você alguém que está iniciando na fé ou que já percorre este caminho há anos, Quarto de guerra na prática oferece uma nova perspectiva sobre a oração como força que impulsiona à ação. Prepare-se para descobrir que as verdadeiras batalhas são vencidas de joelhos, mas que é necessário levantar-se para viver os propósitos de Deus com coragem e amor. No lugar secreto, ele revela grandes planos àqueles que o buscam de todo o coração.

Está pronto para mergulhar em uma nova dimensão da sua vida espiritual através da oração que transforma e move? Abra este livro e dê o primeiro passo rumo a uma mudança que deixará marcas eternas em sua história e na daqueles ao seu redor. Deus está esperando por você no lugar secreto. Vamos juntos nessa caminhada de fé e ação.

Capítulo 1:

Entendendo o porquê do quarto de guerra

O que é o quarto de guerra?

O "quarto de guerra" não é apenas um cômodo reservado para orar; é um lugar simbólico onde nos conectamos com Deus de maneira pessoal e profunda. Essa ideia encontra respaldo nas palavras de Jesus em Mateus 6:6: "Mas você, quando orar, vá para seu quarto, feche a porta e ore a seu Pai, que está em secreto. Então seu Pai, que vê em secreto, o recompensará". Trata-se de um chamado a uma vida de oração verdadeira e sincera, onde a alma encontra repouso na presença divina.

Vivemos em tempos de distrações constantes que competem pela nossa atenção. O "quarto de guerra" é um refúgio onde podemos afastar o barulho do mundo e ouvir a voz de Deus. Nesse lugar, não precisamos de disfarces ou de palavras rebuscadas; podemos ser autênticos ao apresentar nossas lutas, expressar gratidão e fazer pedidos ao Senhor. Ali percebemos o quanto dependemos de Deus em todas as áreas da nossa vida.

A Bíblia nos alerta que enfrentamos batalhas espirituais diárias. Em Efésios 6:12, Paulo afirma: "Pois a nossa luta não é contra carne e sangue, mas contra... as forças espirituais do mal nas regiões celestiais". No "quarto de guerra", essas batalhas são travadas com a oração, uma arma poderosa concedida por Deus. Conforme 2 Coríntios 10:4 nos ensina: "As armas com que lutamos não são humanas; ao contrário, são poderosas em Deus para destruir fortalezas". É nesse lugar secreto que depositamos nossa confiança no poder divino para sustentar e transformar nossas vidas.

Mais do que um lugar de batalha, o "quarto de guerra" é onde encontramos consolo e direção. Nesse espaço, nossas dúvidas são substituídas pela certeza da Palavra de Deus, nossas fraquezas são fortalecidas e nossas lágrimas são enxugadas pelo seu amor. Ali, somos moldados para nos tornarmos mais parecidos com Cristo, vivendo com dedicação e confiança.

Convido você a criar o seu próprio quarto de guerra. Não importa o tamanho ou o local, mas que seja um ambiente onde você possa buscar a Deus com sinceridade. Transforme esse espaço no seu refúgio espiritual, onde suas forças sejam renovadas, seu coração seja preenchido de esperança e você se prepare para enfrentar os desafios diários. Ao entrar nesse lugar, que você possa declarar como o salmista: "A minha alma tem sede de Deus, do Deus vivo" (Salmos 42:2).

A importância da oração

A oração é a respiração da alma, o vínculo que nos conduz ao coração de Deus. Desde o início, em Gênesis, vemos que aqueles que buscavam ao Senhor encontravam nele refúgio, direção e renovação. Jesus, nosso modelo perfeito, frequentemente se retirava para lugares solitários para estar em comunhão com o Pai (Lucas 5:16). Esse gesto não apenas revela a centralidade da oração, mas também destaca que ela é mais do que um dever; é um privilégio sagrado, um lugar de descanso e intimidade com Deus.

Reservar um espaço para a oração transcende a ideia de um ambiente físico; trata-se, sobretudo, da disposição do coração. É um ato de afastar as distrações do mundo para que nossa alma possa repousar diante do Altíssimo. O salmista nos lembra: "Aquietem-se e saibam que eu sou Deus" (Salmos 46:10). No silêncio reverente da oração, a mente se organiza, os sentimentos encontram descanso e Deus fala com clareza. É nesse encontro que encontramos paz e renovação.

A necessidade de estar com Deus é intrínseca à nossa existência, embora muitas vezes tentemos sufocá-la em meio à correria da vida. O apóstolo Paulo nos exorta:

"Orem continuamente" (1 Tessalonicenses 5:17), ressaltando que a oração deve ser como o ar que respiramos — vital e constante. Ainda assim, momentos reservados exclusivamente para estar com Deus são preciosos. É nesses instantes que a fé se renova, a esperança se fortalece e somos transformados.

Os grandes homens e mulheres da fé sempre compreenderam essa verdade. Charles Spurgeon declarou: "Prefiro ensinar um homem a orar do que dez a pregar". Ele reconhecia que no lugar secreto da oração somos moldados pelo Espírito Santo. Como Jesus ensinou: "Mas, quando orarem, vão para seu quarto, fechem a porta e orem ao Pai, que está em secreto. Então o Pai, que vê em secreto, os recompensará" (Mateus 6:6). A recompensa divina não está apenas nas respostas às nossas petições, mas na graça, no conforto e na sabedoria que ele derrama sobre nós.

Separar um espaço para oração também é um ato de consagração. Cada vez que nos retiramos para esse lugar, declaramos ao nosso espírito que estamos na presença do Altíssimo. Ali, compartilhamos nossas alegrias, temores e esperanças com o Deus que nos conhece de forma íntima. É nesse momento que nos tornamos mais sensíveis à sua voz, à sua direção e ao seu poder transformador.

Agostinho de Hipona disse com sabedoria: "Nos criaste para ti, e inquieto está nosso coração enquanto não repousar em ti". Esse repouso está disponível para quem se entrega em oração. Quando você separa um espaço para buscar a Deus, encontra refúgio em meio às tempestades, um altar de louvor nos dias ensolarados e uma fonte inesgotável de força para avançar com confiança

Um breve testemunho

Antes de explorarmos os passos práticos para estabelecer seu próprio Quarto de Guerra, permita-me compartilhar uma história profundamente inspiradora sobre o poder transformador da oração.

Havia um jovem criado em um lar cristão, mas que, ao longo da vida, desviou-se da fé. Procurando preencher o vazio em sua alma, entregou-se aos prazeres do mundo e a filosofias que apenas aumentavam sua inquietação. Contudo, sua mãe, uma mulher piedosa, nunca deixou de clamar por ele. No silêncio de seu quarto, ela derramava lágrimas aos pés do Senhor, intercedendo pela salvação de seu filho.

Dia após dia, ela persistia em oração, mesmo quando tudo ao redor parecia desanimador. Inspirada pelas Escrituras, ela se agarrava à promessa: "A oração de um justo é poderosa e eficaz" (Tiago 5:16). Seu coração materno não esmorecia, e sua fé, sustentada pela graça, permanecia firme.

Certo dia, aquele jovem, tomado por uma inquietação irresistível, ouviu uma voz interior: "Toma e lê, toma e lê". Intrigado, ele notou um livro próximo e, ao abri-lo, encontrou Romanos 13:13-14:

> *Comportemo-nos com decência, como quem age à luz do dia, não em orgias e bebedeiras, não em imoralidade sexual e depravação, não em desavença e inveja. Ao contrário, revistam-se do Senhor Jesus Cristo, e não fiquem premeditando como satisfazer os desejos da carne.*

Aquelas palavras perfuraram sua alma como luz penetrando a escuridão. Naquele momento, ele reconheceu sua necessidade de Deus e entregou-se completamente a ele. As orações persistentes de sua mãe haviam alcançado o trono da graça, e o Senhor, em sua misericórdia, respondeu de forma extraordinária.

Aquele jovem não apenas se converteu, mas tornou-se um dos maiores pensadores da história da igreja. Seu nome? Agostinho de Hipona.

....

Essa história de Agostinho e sua mãe, Mônica, demonstra o poder da oração intercessora e a força da fé perseverante. Mesmo quando as circunstâncias parecem contrárias, devemos confiar nas promessas de Deus. A oração não é um simples ato religioso, mas uma comunhão viva com o Pai, que ouve e responde segundo sua soberana vontade. Como afirmou João Calvino: "A oração é o principal exercício da fé, por meio do qual recebemos diariamente os benefícios de Deus".

Que o exemplo de Mônica nos inspire a nunca desistir de orar por aqueles que Deus colocou em nossos corações. Lembre-se: suas orações têm o poder de mover montanhas e transformar vidas. Afinal, como Jesus nos encoraja em Mateus 7:7: "Peçam, e lhes será dado; busquem, e encontrarão; batam, e a porta lhes será aberta".

Confie, persevere e veja como Deus opera além do que podemos imaginar.

Capítulo 2:

O poder da oração no lugar secreto

Por meio da oração descansamos nossas almas inquietas, encontramos força para enfrentar o sofrimento e, acima de tudo, cultivamos uma comunhão profunda com o nosso Criador. Contudo, o que confere à oração sua verdadeira potência não é a eloquência de nossas palavras ou a rigidez da nossa disciplina, mas sim o Deus que nos ouve. Ao longo deste capítulo, exploraremos o ensinamento de Jesus em Mateus 6:6 sobre o lugar secreto e como esse ato de devoção transforma tanto nossas circunstâncias quanto nossos corações.

A base bíblica do quarto de guerra

Em Mateus 6:6, Jesus declara: — Mas, quando você orar, entre no seu quarto, feche a porta e ore a seu Pai, que está em secreto. Então seu Pai, que vê em secreto, o recompensará.

Neste versículo, Cristo nos convoca à intimidade com o Pai em um ambiente onde as distrações são deixadas de lado. O contexto imediato contrasta essa prática com a dos fariseus, que buscavam aplausos humanos com suas orações exibicionistas. Jesus denuncia essa superficialidade e nos direciona para algo infinitamente mais significativo: um relacionamento sincero e intenso com Deus.

Ao dizer "feche a porta", Jesus nos chama a abandonar não apenas o barulho externo, mas também as distrações interiores que competem pela nossa atenção. O lugar secreto, portanto, não é apenas um espaço físico, mas também uma postura de entrega. É ali que reconhecemos nossa dependência e renovamos nosso compromisso com Deus.

A história da igreja nos oferece inúmeras evidências da importância de um lugar reservado para oração. Seja um quarto literal, um canto tranquilo da casa ou um momento de quietude em meio à rotina, o essencial é separar espaço e tempo para um encontro sem pressa com o Senhor.

Relacionamento pessoal com Deus

No lugar secreto, aprendemos a dialogar com Deus com vulnerabilidade e honestidade. Isaías 55:6 nos desafia: — Busquem o Senhor enquanto se pode achá-lo; clamem por ele enquanto está perto. O lugar secreto torna-se a resposta prática àquele chamado.

A intimidade com Deus requer tempo e vulnerabilidade. Ali, sem a necessidade de disfarces, confessamos nossos pecados, apresentamos nossas dúvidas e pedimos direção. Filipenses 4:6-7 nos exorta: — Não andem ansiosos por coisa alguma, mas em tudo, pela oração e súplicas, e com ação de graças, apresentem seus pedidos a Deus. E a paz de Deus, que excede todo o entendimento, guardará os seus corações e as suas mentes em Cristo Jesus.

Essa paz é a recompensa que não se pode medir em termos materiais. No lugar secreto, nossas prioridades são alinhadas à vontade de Deus, e nossos corações são moldados por sua graça. Por outro lado, a ausência desse espaço pode refletir um cristianismo sem profundidade, reduzido a rituais sem vida.

Jesus, o exemplo perfeito, frequentemente se retirava para estar a sós com o Pai (Lucas 5:16). Se o Filho de Deus considerava essencial esse tempo, quanto mais nós, que somos tão facilmente distraídos, precisamos dessa disciplina espiritual?

O lugar secreto também nos ensina a discernir a voz de Deus. Em 1 Reis 19:12, Elias reconheceu o Senhor em um sussurro suave, não em uma manifestação grandiosa. Da mesma forma, no silêncio da oração, nossos ouvidos espirituais são afinados para ouvir o Bom Pastor.

O lugar secreto de oração é onde batalhas espirituais são vencidas, onde corações são renovados e onde a presença de Deus nos transforma. Ele é mais do que um espaço físico; é um compromisso com o Senhor. Como você tem buscado a Deus em secreto?

— Olhar interação número 1. (pág. 97)

Capítulo 3:

Preparando o seu quarto de guerra

Assim como não podemos viver sem ar, nossa alma não pode florescer sem a comunhão profunda com o Pai. O apóstolo Paulo nos exorta em Efésios 6:18: "Orem no Espírito em todas as ocasiões, com toda oração e súplica". Nesse chamado, encontramos a urgência de estabelecer um espaço dedicado ao encontro com Deus, o que chamamos de "quarto de guerra". Mas esse lugar vai além de quatro paredes; é um refúgio onde nos rendemos em humildade e nos fortalecemos para enfrentar as batalhas invisíveis que moldam nosso destino e impactam a vida daqueles que amamos.

A vida cristã autêntica exige mais do que práticas superficiais; requer um compromisso profundo com a transformação que só ocorre na presença de Deus. O Quarto de Guerra simboliza esse lugar secreto onde nossas fraquezas encontram a força divina, onde nossas dúvidas são substituídas pela fé e onde a injustiça do mundo é confrontada pelo poder da intercessão.

Neste capítulo, vamos explorar como você pode preparar esse espaço especial em sua vida. Não se trata apenas de organizar um ambiente físico, mas de criar um santuário pessoal de inspiração e transformação. Vamos discutir maneiras práticas de tornar esse lugar um refúgio espiritual que reflete o seu anseio por justiça, paz e intimidade com o Senhor. O objetivo é que cada leitor descubra sua própria forma de estabelecer um quarto de guerra, um lugar onde a fé se torna ação e onde a oração se torna uma arma poderosa contra as adversidades do mundo.

Criando um espaço físico

Não é necessário ter um cômodo inteiro ou um lugar luxuoso para se encontrar com Deus. O Senhor não se impressiona com aparências; ele olha para o coração que se aproxima em sinceridade (1 Samuel 16:7). Seu quarto de guerra pode ser um cantinho no seu quarto, uma poltrona em um espaço tranquilo ou até mesmo um lugar temporário, como a mesa da cozinha antes de todos acordarem.

Aqui estão algumas ideias:

- ✓ **Espaços pequenos**: uma cadeira confortável e uma mesa podem ser tudo de que você precisa. Coloque ali sua Bíblia, um caderno de oração e talvez um pequeno mural ou caixa para pedidos e respostas de oração. Esses elementos simples podem transformar um espaço modesto em um santuário pessoal.
- ✓ **Espaços compartilhados**: se você divide o ambiente com outras pessoas, utilize itens portáteis, como uma caixa ou cesta de oração, onde possa guardar

seus materiais e levá-los consigo para onde for orar. Isso permite que você crie um espaço íntimo com Deus mesmo em meio à rotina compartilhada.

- ✓ **Espaços versáteis**: um closet, uma varanda ou até mesmo um canto no quintal podem se tornar seu refúgio espiritual. O importante é encontrar um lugar onde você possa se retirar em silêncio, afastando-se das distrações, para buscar a Deus com profundidade.

Independentemente do tamanho ou da localização, o que define o seu quarto de guerra é o propósito que ele carrega: ser um lugar de encontro íntimo com o Pai. É nesse espaço que nos fortalecemos, que nossas fraquezas são confrontadas pela graça divina e que nos preparamos para enfrentar as batalhas da vida com coragem e fé.

Personalizando o espaço

Quando Deus chamou Moisés para construir o tabernáculo, ele forneceu instruções detalhadas (Êxodo 25:8-9). Isso nos ensina que os detalhes têm importância na criação de um lugar dedicado à presença divina. Embora o nosso Quarto de Guerra não precise seguir regras específicas, podemos personalizá-lo para inspirar oração e devoção genuínas.

Aqui estão algumas sugestões para torná-lo único:

- ✓ **Mural de orações**: utilize um quadro ou até mesmo um pedaço de papelão para fixar seus pedidos de oração, versículos e testemunhos de orações atendidas. Visualizar essas palavras pode ajudá-lo a manter o foco e a recordar constantemente do agir de Deus em sua vida.
- ✓ **Versículos inspiradores**: selecione passagens bíblicas que fortalecem sua fé. Trechos como Filipenses 4:6-7 e Salmos 46:10 podem trazer paz e esperança em momentos de luta, lembrando-nos da fidelidade do Senhor.

- ✓ **Símbolos de fé**: inclua objetos que tenham significado espiritual para você, como uma cruz, um vaso com azeite ou uma pequena lâmpada. Esses símbolos representam a presença e a luz de Deus, tornando o ambiente ainda mais significativo.
- ✓ **Caderno de oração**: mantenha um caderno para registrar seus pedidos, respostas e reflexões. Escrever pode organizar os pensamentos e manter vivo o testemunho das obras que Deus tem realizado em sua vida.

A essência é criar um ambiente que reflita sua relação pessoal com o Pai, um lugar onde você se sinta à vontade para abrir o coração e ser transformado pela Sua presença.

O espaço no coração

Enquanto preparamos um espaço físico, é fundamental lembrar que o verdadeiro Quarto de Guerra é o nosso próprio coração. Jesus disse: "Deus é espírito, e é necessário que os seus adoradores o adorem em espírito e em verdade" (João 4:24). O espaço externo — um lugar sozinho e silencioso — é apenas uma ferramenta para auxiliar nosso foco e disciplina, mas é no íntimo do nosso ser que o Pai realmente deseja habitar.

Preparar esse espaço interno exige arrependimento, fé e um desejo sincero de conhecer a Deus mais profundamente. Ore pedindo que ele purifique seu coração e desperte em você um anseio pela Sua presença. Recorde as palavras de Davi: "Cria em mim um coração puro, ó Deus, e renova dentro de mim um espírito estável" (Salmos 51:10).

Próximos passos

Agora que você compreende a importância de criar um espaço dedicado à oração, que tal começar? Pegue papel e caneta e comece a desenhar ou descrever como seria o seu Quarto de Guerra ideal. Quais itens você incluiria? Como esse espaço refletiria a sua relação com Deus?

— Olhar interação número 2 (pág. 101).

A chave é criar um ambiente que reflita sua relação pessoal com Deus, um lugar onde você se sinta à vontade para abrir o coração diante dele.

Capítulo 4:

Como orar no seu quarto de guerra

A oração é a base do nosso relacionamento com Deus, o elo que nos conecta ao Criador e nos permite experimentar a sua presença transformadora. No quarto de guerra somos chamados a orar de maneira intencional e fervorosa, sincera e verdadeira. Jesus nos orientou claramente: "Quando você orar, entre no seu quarto, feche a porta e ore ao seu Pai, que está em secreto. E o seu Pai, que vê em secreto, o recompensará" (Mateus 6:6). Neste capítulo, exploraremos passos práticos para estruturar sua vida de oração com base na Palavra de Deus, transformando seu quarto em um lugar de comunhão viva com o Pai.

Adoração: Reconhecendo quem Deus é

Adorar é mais do que palavras repetidas; é uma atitude de coração que reconhece a majestade de Deus. O salmista declara: “O Senhor reina! As nações tremem! O seu trono está sobre os querubins! Abala-se a terra!” (Salmos 99:1). A adoração nos coloca no lugar certo diante de Deus, lembrando-nos que ele é soberano e digno de todo louvor.

Comece sua oração exaltando a Deus por quem ele é. Medite em Gênesis 1:1: “No princípio, Deus criou os céus e a terra”, reconhecendo o poder criador de suas mãos. Louve-o por sua santidade imutável: “Santo, santo, santo é o Senhor dos Exércitos” (Isaías 6:3). Deixe que a grandeza de Deus molde seu coração e renove sua fé. Quando o adoramos, somos retirados do centro e redirecionados para aquele que é digno de toda glória.

Confissão: limpando o coração

Antes de avançarmos em nossa comunhão com Deus, devemos lidar com o peso do pecado. Como o salmista orou:

> *Sonda-me, ó Deus, e conhece o meu coração; prova-me, e conhece as minhas inquietações. Vê se em minha conduta algo te ofende, e dirige-me pelo caminho eterno (Salmos 139:23-24).*

Confessar nossos pecados é abrir caminho para a restauração e purificação.

A confissão é consequência da humildade. É um reconhecimento diante de Deus: "Contra ti, contra ti somente pequei e fiz o que é mal aos teus olhos" (Salmos 51:4). Não é apenas um dever, mas um privilégio, pois Deus promete: "Se confessarmos os nossos pecados, ele é fiel e justo para nos perdoar e nos purificar de toda injustiça" (1 João 1:9). Durante a oração, peça ao Espírito Santo que revele áreas da sua vida que precisam ser transformadas. Deus nunca despreza um coração quebrantado (Salmos 51:17), e, ao confessarmos, somos renovados por sua graça.

Ação de graças: agradecendo pelo que Deus fez

A gratidão é a resposta natural de um coração que reconhece o cuidado e a bondade de Deus. Paulo nos ensina: "Em tudo, dai graças, porque esta é a vontade de Deus em Cristo Jesus para vocês" (1 Tessalonicenses 5:18). A gratidão não ignora os desafios da vida, mas escolhe ver a mão de Deus em todas as situações.

Agradeça pela salvação, pela provisão e pelos livramentos que já experimentou. Relembre momentos em que Deus respondeu suas orações ou trouxe consolo em tempos de aflição. Como o salmista proclama: "Bendize, ó minha alma, ao Senhor, e não te esqueças de nenhum dos seus benefícios" (Salmos 103:2). A gratidão nos protege contra a murmuração e nos lembra de que a fidelidade de Deus é constante, mesmo em meio às tempestades.

Súplica: pedidos e intercessão

A súplica é o momento de apresentar nossas necessidades e interceder pelos outros. Jesus nos incentivou a pedir: "Peçam, e lhes será dado; busquem, e encontrarão; batam, e a porta será aberta" (Mateus 7:7). Essa confiança nos convida a colocar nossas petições diante de um Deus que cuida.

Ao suplicar, busque alinhar seus desejos com a vontade de Deus, como Jesus orou no Getsêmani: "Que não seja feita a minha vontade, mas a tua" (Lucas 22:42). Ore por sua família, amigos, líderes da igreja e por aqueles que ainda não conhecem a Cristo. Lembre-se da promessa de que "a oração de uma pessoa justa é poderosa e eficaz" (Tiago 5:16). Interceder é amar em ação, e Deus honra as orações perseverantes, mesmo quando as respostas parecem distantes: "O Senhor não demora em cumprir sua promessa" (2 Pedro 3:9).

Baseando-se nas Escrituras

Cada aspecto da oração está enraizado na Palavra de Deus, que nos orienta e fortalece enquanto oramos. A Bíblia não apenas nos ensina a orar, mas também renova nossa fé, lembrando-nos de que falamos com um Deus vivo e presente. Como afirma Hebreus 4:12: "A Palavra de Deus é viva e eficaz, mais cortante que qualquer espada de dois gumes". Declarar e meditar nas Escrituras durante a oração nos dá confiança de que estamos alinhados com a vontade do Pai.

A **adoração** é sustentada por passagens como o Salmo 96:9, que nos chama a "adorar ao Senhor na beleza da sua santidade", lembrando-nos de sua majestade e glória. Quando adoramos, reconhecemos a grandeza de Deus e colocamos nossos corações em humildade diante dele.

Na **confissão**, Provérbios 28:13 nos alerta: "Quem esconde seus pecados não prospera, mas quem os confessa e os abandona encontra misericórdia". Essa verdade nos incentiva a nos achegarmos a Deus com corações sinceros, confiando que sua graça é suficiente para nos restaurar.

A **ação de graças** é magnificamente expressa em Filipenses 4:6: "Não se preocupem com coisa alguma, mas apresentem seus pedidos a Deus, em oração e súplica, com ação de graças". Este texto nos ensina a trocar a ansiedade por confiança, enquanto reconhecemos as bênçãos já recebidas.

Por fim, na **súplica**, Hebreus 4:16 nos encoraja a "nos aproximarmos com confiança do trono da graça, para recebermos misericórdia e encontrarmos graça que nos ajude no momento necessário". Essa promessa é um lembrete de que Deus ouve nossas orações e responde conforme sua perfeita vontade soberana.

Basear nossa oração nas Escrituras não apenas nos conecta ao coração de Deus, mas também transforma nossas palavras em uma expressão viva de sua verdade. Ao orar com a Bíblia, nossa fé é edificada, nossas batalhas são enfrentadas com esperança e encontramos o descanso que somente ele pode oferecer.

Capítulo 5:

Criando estratégias de oração

A oração é o meio pelo qual colocamos diante de Deus nossas alegrias, nossas angústias e nossas lutas. Entretanto, muitas vezes, nós nos aproximamos do trono de graça sem saber ao certo como organizar nossos pedidos ou identificar as áreas da vida que necessitam de uma intervenção mais clara do Senhor. Criar estratégias de oração é uma maneira de ordenar nossos pensamentos e intensificar nossa busca pelo agir de Deus em situações específicas.

Identificando áreas de batalha

Em Efésios 6:12, Paulo nos alerta: — Pois a nossa luta não é contra carne e sangue, mas contra os principados, contra as potestades, contra os poderes deste mundo de trevas, contra as forças espirituais do mal nas regiões celestiais. — Esse lembrete expõe uma realidade muitas vezes negligenciada: as dificuldades que enfrentamos frequentemente têm uma dimensão espiritual. Contudo, como podemos discernir as áreas em que essas batalhas ocorrem?

O ponto de partida é uma análise honesta das diferentes esferas da nossa vida. Essa reflexão não é motivada por ansiedade ou medo, mas por uma disposição de submeter tudo ao governo de Deus. Abaixo estão algumas perguntas que podem orientar essa avaliação:

- ✓ **Vida espiritual**: como está meu relacionamento com Deus? Estou sendo fiel na leitura da Palavra e na oração?
- ✓ **Família**: existem conflitos ou dificuldades nos relacionamentos familiares que precisam ser entregues ao Senhor?

- ✓ **Saúde**: há enfermidades, físicas ou emocionais, que requerem oração persistente?
- ✓ **Finanças**: estou enfrentando desafios financeiros ou precisando de sabedoria para lidar com os recursos que Deus me deu?
- ✓ **Relacionamentos**: tenho convivido bem com as pessoas ao meu redor, sejam amigos, colegas de trabalho ou vizinhos?

Identificar essas áreas não é um ato de preocupação excessiva, mas de submissão a Deus. Reconhecemos que há batalhas que não podemos vencer por nossa própria força e que dependemos do Senhor para triunfar.

Cartões de oração

Uma estratégia poderosa para organizar nossas orações é o uso dos chamados "Cartões de oração". Esses são pequenos registros escritos de nossos pedidos e das promessas bíblicas que os fundamentam. Esse método nos ajuda a orar de maneira específica e baseada na Palavra de Deus, o que fortalece nossa fé e nossa constância na oração.

Como criar seus cartões de oração:

✓ **Escolha uma área para orar:** com base na reflexão feita, identifique um aspecto da sua vida onde deseja ver o agir de Deus.

- Por exemplo, se você está enfrentando ansiedades financeiras, essa pode ser sua área inicial.

✓ **Busque promessas bíblicas relacionadas:** procure passagens das Escrituras que se apliquem à sua situação. A Palavra de Deus é viva e eficaz (Hebreus 4:12), e orar com base nela nos dá confiança de que estamos orando segundo a vontade do Pai.

- No caso das finanças, versículos como Filipenses 4:19 ("O meu Deus suprirá todas as necessidades de vocês, de acordo com as suas gloriosas riquezas em Cristo Jesus") podem ser usados.

✓ **Anote o pedido e a promessa**: em um lado do cartão, escreva o pedido de oração. No outro, registre a promessa bíblica correspondente. Isso lhe dará foco enquanto ora e o lembrará de que Deus é fiel para cumprir sua Palavra.

✓ **Ore com consistência**: use os cartões durante suas orações diárias. Leve cada pedido ao Senhor, confiando que ele tem o controle de todas as coisas.

✓ **Atualize seus cartões**: quando Deus responder a uma oração, registre a resposta em seu cartão. Isso não apenas edifica sua fé, mas também o encoraja a continuar orando com perseverança.

Orar por algo tão significativo quanto a salvação de um ente querido pode ser desafiador, especialmente diante de um tempo de espera ou aparente resistência. Um método prático para perseverar em oração é unir seus pedidos pessoais às promessas de Deus, criando um "cartão de oração". Este cartão pode ser simples, mas profundamente eficaz, ao trazer clareza e direcionamento às suas orações.

Um exemplo prático

Imagine que seu desejo é interceder pela salvação de um familiar ou amigo. Seu cartão poderia ser estruturado assim:

- ✓ **Pedido**: Senhor, toque o coração do(a) [nome da pessoa], trazendo-a ao arrependimento e à fé em Jesus Cristo. Remova os véus espirituais e abra seus olhos para enxergar a verdade do Evangelho.
- ✓ **Promessa**: "O Senhor não demora em cumprir a sua promessa, como julgam alguns. Ao contrário, ele é paciente com vocês, não querendo que ninguém pereça, mas que todos cheguem ao arrependimento" (2 Pedro 3:9).

Esse formato une o seu clamor à Palavra de Deus, alinhando seu desejo com a vontade soberana revelada nas Escrituras. Orar dessa maneira não apenas aumenta sua confiança de que Deus ouve suas súplicas, mas também renova sua esperança enquanto espera pela resposta divina.

A prática de orar com promessas bíblicas ajuda a manter seu coração ancorado na fidelidade de Deus. Mesmo que as circunstâncias pareçam inalteradas, você pode lembrar que o tempo de Deus é perfeito e que sua Palavra nunca falha. Como Isaías 55:11 declara: "Assim também ocorre com a palavra que sai da minha boca: ela não voltará para mim vazia, mas fará o que desejo e atingirá o propósito para o qual a enviei".

Mantenha seus cartões de oração em um lugar visível e use-os diariamente. Cada vez que orar, declare a promessa de Deus com fé e gratidão, confiando que ele está agindo no invisível. Perseverança na oração, guiada pela Escritura, transforma não apenas situações, mas também o coração daquele que ora.

Perseverando em oração

Jesus nos ensinou a orar sempre e não desanimar (Lucas 18:1). A oração persistente é um ato de fé e confiança no Senhor. Em nossa persistência, somos moldados, e nosso caráter é fortalecido.

Paulo também nos exorta: "Perseverem na oração, vigiando com ações de graças" (Colossenses 4:2). Isso significa que nossa oração não é apenas um clamor por mudanças externas, mas também um reconhecimento da soberania e da bondade de Deus.

Criar estratégias de oração é uma forma prática de organizar nossa vida de oração e crescer em nossa relação com Deus. Ao identificar áreas para orar e registrar pedidos em Cartões de oração, passamos a orar de forma mais específica, intencional e fundamentada na Palavra.

Convido você a iniciar agora mesmo essa prática. Pegue papel e caneta e comece a elaborar seus próprios Cartões de oração. Há uma transformação esperando por você no lugar secreto.

— Olhar interação número 3 (pág. 104).

Capítulo 6:

Orando pelos outros

A oração não é apenas uma prática solitária; ela ultrapassa limites, toca corações e transforma realidades. Quando oramos pelos outros, tornamo-nos participantes ativos na obra de Deus, ligando as necessidades humanas à sua graça. Interceder é mais do que uma recomendação bíblica; é um privilégio concedido por Deus para que colaboremos com seu plano redentor.

A importância da intercessão

Interceder significa ocupar o lugar de clamor em favor daqueles que necessitam de Deus. É colocar-se "na brecha", como ensina Ezequiel 22:30:

> *Procurei entre eles um homem que construísse o muro e se colocasse na brecha diante de mim em favor desta terra para que eu não a destruísse, mas não encontrei nenhum.*

Esse chamado nos transforma em defensores espirituais, buscando com fé o agir do Pai em situações que escapam ao nosso controle.

Jesus Cristo é o maior exemplo de intercessor. Em João 17, ele orou pelos seus discípulos e por aqueles que creriam nele no futuro. Esse ato de amor reflete o cuidado profundo de Cristo pelos outros e nos desafia a fazer o mesmo. Orar por familiares, amigos, líderes e até inimigos é uma forma de espelhar o coração compassivo de Jesus.

A intercessão também nos lembra de que somos parte de um corpo maior. Como Paulo escreve em 1 Coríntios 12:26: "Quando um membro sofre, todos os outros sofrem com ele". Orar pelos outros é um ato de solidariedade e unidade, carregando as cargas uns dos outros conforme ensinado em Gálatas 6:2.

O poder de orar por diferentes pessoas

Família

Os laços familiares são frequentemente o primeiro campo de nossa intercessão. Pedir a Deus que proteja, transforme e oriente os membros da nossa casa fortalece nossos relacionamentos. Lembre-se da promessa em Atos 16:31: "Creia no Senhor Jesus, e serão salvos, você e os de sua casa".

Amigos

Orar por amigos é um gesto de gratidão e amor. Em Jó 42:10, Deus restaurou a sorte de Jó quando ele intercedeu pelos seus amigos, um lembrete do poder da oração altruísta.

Líderes

A Bíblia nos instrui a orar por líderes, pois suas decisões afetam diretamente nossas comunidades. Paulo escreve em 1 Timóteo 2:1-2: “Antes de tudo, recomendo que se façam súplicas, orações, intercessões e ações de graças por todos os homens”.

Inimigos

Orar por aqueles que nos ferem é um dos maiores desafios do discipulado. Jesus nos ensina em Mateus 5:44: “Amem os seus inimigos e orem por aqueles que os perseguem”. Esse ato nos livra da amargura e permite que Deus trabalhe tanto em nós quanto neles.

Orando especificamente com fé

A oração específica é uma expressão de confiança no caráter de Deus. Aqui estão exemplos que podem inspirar sua prática:

✓ **Cura:** "Senhor, restaura a saúde do(a) [nome da pessoa], trazendo alívio físico, emocional e espiritual. Pois 'Ele levou sobre si as nossas enfermidades'" (Isaías 53:4).

✓ **Sabedoria:** "Pai, concede sabedoria a [nome da pessoa] em suas escolhas diárias, pois 'se algum de vocês tem falta de sabedoria, peça-a a Deus, que a todos dá livremente, de boa vontade; e lhe será concedida'" (Tiago 1:5).

✓ **Conforto em perdas:** "Deus de consolação, envolve [nome da pessoa] em tua paz neste momento de dor, cumprindo tua promessa: 'Bem-aventurados os que choram, pois serão consolados'" (Mateus 5:4).

- **Proteção**: "Senhor, protege [nome da pessoa] de todo mal, tanto físico quanto espiritual. Que tua promessa se cumpra: 'O Senhor o protegerá de todo mal, protegerá a sua vida'" (Salmos 121:7).
- **Provisão**: "Pai, supre as necessidades de [nome da pessoa], mostrando tua bondade e cuidado. Como está escrito: 'O meu Deus suprirá todas as necessidades de vocês, de acordo com as suas gloriosas riquezas em Cristo Jesus'" (Filipenses 4:19).
- **Paz interior**: "Deus da paz, acalma o coração de [nome da pessoa] e concede serenidade diante dos desafios, pois 'não andem ansiosos por coisa alguma, mas em tudo, pela oração e súplicas, e com ação de graças, apresentem seus pedidos a Deus. E a paz de Deus, que excede todo entendimento, guardará os seus corações e as suas mentes em Cristo Jesus'" (Filipenses 4:6-7).

....

Pense em mais ideias. Continue sozinho a partir daqui...

Interação: Criando uma lista intercessão

Para tornar a intercessão mais intencional, organize uma lista de orações. Divida-a em categorias como:

- ✓ **Família**: Inclua pedidos específicos para cada membro.
- ✓ **Amigos**: Anote aqueles que enfrentam desafios ou precisam de direção divina.
- ✓ **Líderes**: Liste autoridades em sua igreja, trabalho ou nação.
- ✓ **Problemas globais**: Ore por situações como conflitos, desastres ou perseguições.
- ✓ **Inimigos**: Inclua aqueles que desafiam sua paciência ou causam dor.

Ore regularmente por cada categoria e atualize sua lista à medida que Deus responder. Essa prática fortalecerá sua vida de oração e o ajudará a permanecer atento ao agir de Deus.

Orar pelos outros é um ato de amor e serviço. Quando nos colocamos na brecha por aqueles que amamos — e até mesmo por aqueles que nos feriram —, refletimos o coração de Cristo e participamos ativamente de Sua obra redentora. Que sua vida de intercessão seja um testemunho do poder transformador de Deus.

— Olhar interação número 4 (pág. 62).

Capítulo 7:

Acompanhando as respostas de Deus

"Clame a mim e eu responderei e lhe direi coisas grandiosas e insondáveis que você não conhece", declara o Senhor ao profeta Jeremias (Jeremias 33:3). Essa promessa atravessa os séculos, lembrando-nos de que Deus não apenas ouve, mas também responde. Contudo, quantas vezes permitimos que as respostas às nossas orações se percam no ritmo acelerado da vida? Este capítulo convida você a reconhecer, registrar e refletir sobre as respostas de Deus, renovando sua confiança e fortalecendo sua caminhada com ele.

Registrando as respostas

O ato de registrar é mais do que um simples gesto prático; é um ato de lembrança das coisas espirituais, e portanto, espiritual também. Nas Escrituras, vemos vários exemplos de como Deus ordenou ao seu povo que memorizasse suas obras. Em Josué 4, após atravessarem o rio Jordão a seco, Deus ordenou que fossem erguidas doze pedras como sinal. Essas pedras deveriam lembrar a Israel, e às gerações futuras, o que o Senhor havia feito por eles. Assim como aquelas pedras, um registro de orações respondidas torna-se um marco visível das obras de Deus em nossa história pessoal.

Registrar as respostas de Deus é um lembrete constante de sua fidelidade. Quando anotamos como ele respondeu às nossas súmulas, estamos declarando que reconhecemos sua mão agindo em nossa vida. Este ato de documentar pode ser feito de diversas formas: em um diário, em um mural de orações ou até mesmo em cartões destacáveis que você pode consultar quando sentir que a esperança está enfraquecendo.

O salmista nos ensina: "Lembra-te de todas as suas maravilhas" (Salmos 105:5). Esse "lembrar" não é apenas mental; é intencional, um esforço deliberado de trazer à memória o agir de Deus. Portanto, registre. Torne visível a graça que tantas vezes passa despercebida. E, ao fazer isso, perceba como cada linha escrita testemunha da fé que você colocou em ação.

A importância de anotar orações respondidas

Por que devemos anotar as orações respondidas? Nossa memória é falha. Assim como os israelitas, que rapidamente esqueciam as maravilhas de Deus e voltavam à murmuração, também temos a tendência de negligenciar as respostas divinas. Registrar as orações atendidas combate a ingratidão e reforça nossa confiança em um Deus que permanece fiel, mesmo quando não percebemos imediatamente sua ação.

Nem todas as respostas são imediatas ou fáceis de compreender. Muitas vezes, a proteção de Deus está em portas que se fecham ou em esperas que moldam nosso caráter. Ao registrar essas experiências, reconhecemos a soberania divina mesmo nas situações mais desafiadoras. O que aparenta ser um "não" ou um "ainda não" pode ser a maneira de Deus nos preparar para algo maior.

Imagine abrir seu diário em momentos de incerteza e encontrar páginas repletas de evidências do cuidado divino. Essas palavras não são meras lembranças; são alicerces que sustentam sua fé e renovam sua esperança no Senhor.

Fortalecendo a fé

A fé não é estática; ela cresce e se fortalece à medida que contemplamos a fidelidade de Deus em nossas vidas. O capítulo 11 de Hebreus nos apresenta uma galeria de homens e mulheres que, pela fé, conquistaram vitórias, perseveraram em meio a tribulações e viram promessas se cumprirem. Eles olharam para trás e reconheceram a mão de Deus em suas histórias, o que os encorajou a confiar ainda mais.

Da mesma forma, quando registramos e refletimos sobre as respostas de Deus, nossa fé se torna mais sólida. Sabemos que o mesmo Deus que agiu no passado continuará a agir. Quando Davi enfrentou Golias, lembrou-se das vitórias que Deus lhe concedera sobre o leão e o urso (1 Samuel 17:34-37). Essa lembrança não foi apenas nostalgia; foi o que alimentou sua confiança para o desafio presente.

Fortalecer a fé também significa reconhecer que Deus responde em seu tempo e à sua maneira. Ao refletirmos sobre as respostas que recebemos, aprendemos a confiar na sabedoria divina, sabendo que suas respostas são sempre para o nosso bem, mesmo quando diferem das nossas expectativas. Essa confiança não é cega; é sustentada pela experiência com um Deus imutável.

Interação: Registrando testemunhos pessoais

Agora é sua vez. Pegue um caderno, um diário ou as próprias páginas interativas deste livro e comece a registrar. Lembre-se das orações que você fez nos últimos meses. Quais foram respondidas? Como Deus agiu em sua vida? E mesmo aquelas que ainda aguardam resposta, como você pode confiar no Senhor enquanto espera? Escreva com detalhes. Transforme suas palavras em um memorial de fé.

— Olhar interação número 5 (pág. 123).

Ao longo desta prática, você descobrirá que o ato de registrar e refletir não é apenas uma forma de fortalecer sua fé, mas também uma declaração de que você confia no Deus que ouve, responde e age para o bem dos que o amam (Romanos 8:28). Comece agora. Sua história com Deus está sendo escrita!

Capítulo 8:

Mantendo o foco e a disciplina

A oração é um chamado à constância e à disciplina, uma jornada que exige nosso coração atento e perseverante. Porém, em meio às correrias do dia a dia, facilmente nos deixamos distrair pelas preocupações, pela agitação da mente e pelas inúmeras demandas que nos cercam. Este capítulo chama você a refletir sobre como vencer essas distrações e cultivar um hábito de oração consistente, mantendo o olhar fixo naquele que é digno de toda a nossa devoção.

Superando distrações

A primeira barreira que enfrentamos na oração é a distração. Mesmo desejando sinceramente buscar a Deus, nossa mente muitas vezes resiste, vagando por preocupações, listas de tarefas e inquietações profundas. Jesus nos instrui em Mateus 6:6. Aqui, Cristo nos convida a criar um espaço intencional de encontro com Deus, tanto externamente quanto dentro de nós.

Criar um lugar físico para orar pode ser um passo simples, mas transformador. Um ambiente livre de distrações visuais e sonoras ajuda a direcionar nossa atenção para o essencial. No entanto, a verdadeira batalha ocorre em nosso interior. Em Filipenses 4:6-7, Paulo nos encoraja:

> Não andem ansiosos por coisa alguma, mas em tudo, pela oração e súplicas, e com ação de graças, apresentem seus pedidos a Deus. E a paz de Deus, que excede todo o entendimento, guardará o coração e a mente de vocês em Cristo Jesus.

Quando perceber que sua mente está vagando, não se desanime. Traga seus pensamentos de volta com uma simples frase: "Senhor, estou aqui".

Utilizar a Palavra de Deus como guia na oração é um auxílio poderoso. Ler um salmo ou meditar em um texto bíblico antes de orar pode alinhar nossos pensamentos aos de Deus. Isso não apenas reduz as distrações, mas também aprofunda nossa compreensão da vontade divina, como nos lembra Romanos 12:2:

> Não se amoldem ao padrão deste mundo, mas transformem-se pela renovação da sua mente, para que sejam capazes de experimentar e comprovar a boa, agradável e perfeita vontade de Deus.

Estratégias para evitar interrupções

Além das distrações internas, somos constantemente interrompidos por fatores externos: celulares, chamadas, redes sociais, compromissos urgentes. Aqui, a prática da oração exige organização.

- ✓ **Estabeleça um horário fixo** – Separe um momento do dia em que você possa se dedicar exclusivamente à oração. Assim como Jesus retirava-se para lugares solitários (Marcos 1:35), escolha um horário em que você esteja menos suscetível às interrupções.
- ✓ **Desconecte-se** – Antes de iniciar, desligue ou silencie dispositivos eletrônicos. Um simples toque pode desviar sua atenção e quebrar o fluxo de oração.
- ✓ **Informe aos outros** – Se você mora com outras pessoas, comunique que aquele será o seu momento de oração. Isso reduz as chances de ser interrompido.
- ✓ **Tenha ferramentas à mão** – Mantenha uma agenda ou caderno para anotar os pensamentos intrusivos. Escrevê-los pode ajudar a liberá-los da mente sem quebrar a oração.

Desenvolvendo o hábito

Manter a constância na oração requer intencionalidade. Calvino descreveu a oração como "o principal exercício da fé", algo que fortalece nossa comunhão com Deus e nossa dependência dele. Portanto, não é apenas um dever, mas um privilégio para todo cristão.

Como todo hábito, a oração exige regularidade. Comece definindo um tempo específico para se dedicar a isso, mesmo que sejam apenas 10 minutos por dia. À medida que você persiste, esse tempo naturalmente se expandirá, pois seu coração desejará passar mais tempo na presença de Deus.

Outra prática eficaz é combinar a oração com outros momentos diários, como o estudo da Palavra. Leia a Bíblia e transforme aquilo que leu em oração. Por exemplo, ao ler o Salmos 23, você pode orar: "Senhor, obrigado por ser meu pastor. Conduza-me por seus caminhos e me dê descanso em tuas águas tranquilas".

Constância apesar dos obstáculos

Mesmo com planejamento, você enfrentará resistência interna e externa. Há dias em que o desânimo espiritual ou a pressão do cotidiano tentarão sufocar sua vida de oração. Nestes momentos, lembre-se da promessa de Tiago 4:8: "Aproximem-se de Deus, e ele se aproximará de vocês". Persevere, mesmo quando não sentir vontade ou não perceber resultados imediatos. A oração, como expressão de fé, produz frutos em seu tempo.

Por fim, não subestime o apoio comunitário. Orar com outros cristãos pode ser uma fonte de encorajamento e responsabilidade mútua. Busque pessoas que compartilhem desse desejo de crescimento e compartilhe suas lutas e conquistas.

Interação: Criando um plano de oração semanal

Agora que você refletiu sobre o foco e a disciplina na oração, é hora de colocar isso em prática. Pegue um papel ou utilize a seção interativa deste livro para criar um plano de oração semanal. Divida seus dias, estabelecendo momentos específicos para:

- ✓ **Adoração**: Reflita sobre os atributos de Deus..
- ✓ **Confissão**: Reconheça suas fraquezas e busque perdão.
- ✓ **Gratidão**: Liste motivos pelos quais você é grato.
- ✓ **Intercessão**: Ore por familiares, amigos, líderes e por situações globais ou locais que necessitem da intervenção divina. Inclua aqui aqueles que estão enfrentando crises, doenças ou desafios pessoais.

Orações e temas para orações

Nós, cristãos protestantes (ou evangélicos), temos a tendência de acreditar que uma oração lida, planejada ou repetida não é válida ou autêntica devido à fala de Jesus sobre os fariseus, na qual ele exorta contra a repetição. No entanto, a repetição criticada por Jesus é a repetição desacompanhada de fé e verdade. A evidência disso é que o próprio Cristo nos ensina a orar com a excelentíssima oração do Pai-Nosso, que ensinamos e repetimos continuamente. Podemos orar uma oração planejada e orquestrada com fé, verdade e autenticidade, desde que sintamos e reflitamos sobre cada sentença da oração proferida. Isso significa pensar e falar, compreendendo o que está sendo declarado e crendo no que se diz.

Quando pronunciamos, com calma e ternura: "Pai nosso...", podemos sentir nosso coração suspirando: "Pai meu..."; e ainda mais ao declarar: "Seja feita a tua vontade", nosso coração é tomado por paz e confiança, plena certeza e desapego de qualquer vontade ou decisão egoísta. Ao observar esses momentos, você é capaz de acreditar que o fato de a oração ser decorada e repetida incomoda a Deus, quando tais palavras provocam efeitos reais e sensíveis em nosso ser? Me nego a crer nisso, principalmente conhecendo nosso Deus.

Escrever e planejar uma oração é pensar na melhor maneira de comunicar e expressar aquilo que está dentro de nós. No entanto, é igualmente verdade que muitas pessoas têm dificuldade em se comunicar e se expressar com eficácia. Por isso, defendo que ter uma oração escrita pode servir como ferramenta para ajudar na expressão, quando as palavras fugirem de sua boca, mas o clamor permanecer preso em seu coração. A fala é a chave dos sentimentos acorrentados no peito, e, se o teu coração angustiado tem algum desses temas preso dentro dele, aqui vai um auxílio, de uma irmã em Cristo, para ajudar-te a se expressar e liberar esse grito ao mundo.

Temas para oração

- ☐ 1. Oração por minha família
- ☐ 2. Oração por meu trabalho
- ☐ 3. Oração por meus filhos
- ☐ 4. Oração por minha saúde
- ☐ 5. Oração pela Igreja de Cristo
- ☐ 6. Oração pela igreja local
- ☐ 7. Oração pela volta de Cristo
- ☐ 8. Oração pelo pecado no mundo
- ☐ 9. Oração pelo pecado em mim
- ☐ 10. Oração pela renovação da justiça no país
- ☐ 11. Oração por sabedoria para os governantes
- ☐ 12. Oração pela união do país e cessão da briga partidária
- ☐ 13. Oração por justiça pelos órfãos

- ☐ 14. Oração por justiça pelas viúvas
- ☐ 15. Oração por justiça pelos pobres e famintos
- ☐ 16. Oração por avivamento pessoal e social
- ☐ 17. Oração pela glorificação do nome de Deus
- ☐ 18. Oração de louvor a Deus
- ☐ 19. Oração pelo sofrimento e angústia por problemas pessoais
- ☐ 20. Oração por saúde psicológica

Vamos orar?

1. Oração por minha família

Senhor amado, tua Palavra nos chama a viver em amor, suportando-nos uns aos outros e refletindo tua graça em nossas famílias. Hoje, coloco minha casa diante de ti, pedindo que sejas o alicerce de cada relacionamento. Guarda-nos da divisão, do egoísmo e da frieza, e planta em nossos corações um amor que persevera, mesmo em meio às tempestades. Que cada palavra dita entre nós seja temperada com graça, e que nossos atos testemunhem tua bondade. Reveste nossa casa com tua paz, a paz que excede todo entendimento, e ensina-nos a priorizar o que é eterno sobre o passageiro. Em teu amor, restaura o que está quebrado, fortalece os vínculos frágeis e transforma nossas vidas em um reflexo do teu reino. Que tua presença seja o elo que nos une, e que teu Espírito nos ensine a amar como tu nos amaste. Amém.

O que eu falei com Deus

____

____

____

2. Oração por meu trabalho

Senhor, reconheço que cada talento e oportunidade vem de tuas mãos. Por isso, consagro a ti o trabalho que realizo, pedindo que ele seja mais do que um esforço humano, mas um serviço de louvor ao teu nome. Dá-me sabedoria para lidar com os desafios, graça para tratar com outros e forças para enfrentar os dias difíceis sem perder a esperança. Guarda-me da ambição vazia e do desânimo; que meu trabalho nunca roube o lugar de minha comunhão contigo. Ajuda-me a ser justo em minhas decisões, íntegro em minhas ações e uma luz para aqueles ao meu redor. Que cada tarefa realizada reflita a excelência de quem te serve e que, por meio de minhas mãos, muitos conheçam a bondade de um Deus que não apenas provê, mas também dá sentido ao que fazemos. Amém.

O que eu falei com Deus

____

____

____

3. Oração por meus filhos

Pai celestial, entrego-te os filhos que me confiastes, sabendo que são mais teus do que meus. Protege-os das ciladas deste mundo e firma seus passos em teus caminhos. Que seus corações sejam cativos ao teu amor, suas mentes iluminadas pela tua verdade e suas vidas conduzidas pelo teu propósito. Livra-os de influências que os afastem de ti e dá-me sabedoria para guiá-los com paciência e graça. Ensina-me a amá-los sem sufocá-los, a corrigi-los com mansidão e a orar por eles incessantemente. Que cresçam em estatura, sabedoria e favor diante de ti e dos homens, e que suas vidas sejam um testemunho da tua fidelidade. Sustenta-me, Senhor, na missão de ser um reflexo do teu amor, para que eles aprendam, em mim, a te buscar com toda a alma. Amém.

O que eu falei com Deus

4. Oração por minha saúde

Senhor, tu és o Deus que me formou no ventre e conhece cada parte do meu ser. Clamo a ti pela minha saúde, confiando que tu és tanto o Criador quanto o Restaurador. Sustenta-me quando as forças me faltarem, renova-me quando o cansaço pesar, e concede-me a paz que acalma a ansiedade da alma. Ajuda-me a ser grato por cada dia de vigor e a confiar em tua soberania nos dias de fraqueza. Se houver dor, dá-me graça para suportá-la; se houver cura, que eu a veja como tua bondade em ação. Que meu corpo seja um templo vivo, dedicado a glorificar-te, e que minha mente se firme em tua promessa de que nada me separará do teu amor. Ensina-me a cuidar do que me deste, lembrando que tudo pertence a ti, e guia-me em um caminho de paz e equilíbrio. Amém.

O que eu falei com Deus

5. Oração pela Igreja de Cristo

Senhor Jesus, que morreste para redimir teu povo, clamo por tua Igreja, espalhada por todo o mundo. Guarda-a como tua noiva, santa e irrepreensível, em meio a um mundo que tenta silenciar sua voz. Fortalece os que sofrem por tua causa, sustenta os líderes que te servem, e aviva os corações que estão adormecidos. Que tua Palavra seja procla-

mada com ousadia, trazendo esperança aos perdidos e luz às trevas. Purifica-nos da hipocrisia e de toda divisão, para que sejamos um só corpo, unido em amor e propósito. Que a Igreja seja tua testemunha fiel, proclamando tua salvação até os confins da terra, e que, em tudo, teu nome seja glorificado. Amém.

O que eu falei com Deus

____

____

____

6. Oração pela igreja local

Pai amado, agradeço-te pela igreja local, esta comunidade que me acolhe e caminha ao meu lado na fé. Peço que tua presença habite em cada encontro, enchendo-nos de amor, sabedoria e unidade. Fortalece os líderes com discernimento e coragem, e levanta cada membro como um servo disposto a fazer tua vontade. Livra-nos da apatia e do egoísmo, e ensina-nos a ser sal e luz em nossa cidade. Que nossa igreja seja um refúgio para os cansados, um farol para os perdidos e um lugar onde tua Palavra seja vivida com autenticidade. Sustenta-nos em tua graça, conduz-nos em tua verdade e transforma-nos em instrumentos de tua paz. Que, por meio de nossas vidas, tua glória seja conhecida em nossa comunidade. Amém.

O que eu falei com Deus

____

____

____

7. Oração pela volta de Cristo

Senhor Jesus, aguardamos com anseio o dia em que retornarás para restaurar todas as coisas. Em meio a um mundo repleto de injus-

tiça e sofrimento, nossos corações clamam por tua presença que traz esperança e renovação. Que a expectativa da tua vinda nos impulsione a viver de maneira íntegra, rejeitando as trevas que nos cercam. Purifica-nos de toda indiferença e acende em nós uma paixão renovada pelo teu evangelho. Enquanto esperamos, capacita-nos a ser testemunhas fiéis, levando tua luz aos lugares sombrios. Que possamos perseverar em amor e santidade, conscientes de que o tempo se aproxima. Vem, Senhor, e estabelece tua justiça entre as nações. Até esse dia, sustenta-nos com tua graça e faz de nós instrumentos da tua paz, para que muitos conheçam a esperança da tua volta. Amém.

O que eu falei com Deus

---

8. Oração pelo pecado no mundo

Deus de misericórdia, contemplamos um mundo ferido pelo pecado e afastado dos teus caminhos. Vemos a injustiça, a violência e a opressão dominando as nações, e nossos corações se entristecem. Clamamos pela tua intervenção, para que a luz do teu amor penetre a escuridão que nos cerca. Tem compaixão daqueles que sofrem e transforma os corações endurecidos. Levanta tua igreja como um farol de esperança, capacitando-nos a enfrentar o mal com coragem e compaixão. Perdoa-nos pelas vezes em que fomos omissos diante da dor alheia, quando poderíamos ter sido agentes de mudança. Renova em nós o compromisso de viver e proclamar o teu evangelho, que é poder para salvar e transformar. Que o teu Espírito sopre vida nova sobre as nações, quebrando correntes e restaurando o que está perdido. Usa-nos como instrumentos da tua justiça e reconciliação no mundo. Amém.

O que eu falei com Deus

---

9. Oração pelo pecado em mim

Pai amoroso, venho diante de ti consciente das minhas falhas e das sombras que habitam em meu coração. Reconheço que muitas vezes me afastei dos teus caminhos, seguindo meus próprios desejos. Peço que me perdoes e me purifiques de toda iniquidade. Sonda-me e revela tudo o que precisa ser transformado em mim. Não permitas que eu me acomode na mediocridade espiritual, mas desperta em mim um anseio intenso pela tua presença. Fortalece-me contra as tentações que me cercam e conduz-me pelas veredas da justiça. Que a tua graça me renove a cada dia, permitindo que minha vida reflita a tua santidade. Agradeço-te pelo teu amor incondicional e pela misericórdia que se renova a cada manhã. Que eu possa crescer em obediência e amor, sendo um testemunho vivo da tua transformação. Amém.

O que eu falei com Deus

___

___

___

10. Oração pela renovação da justiça no país

Senhor justo, elevamos nossas vozes em clamor pela nação em que vivemos. A corrupção, a desigualdade e a opressão mancham nossa terra, e nossos corações se angustiam. Imploramos pela tua intervenção na restauração da justiça. Levanta líderes íntegros que respeitem a tua vontade e busquem o bem comum acima de interesses pessoais. Desperta a consciência do povo, para que não se cale diante das injustiças, mas lute por uma sociedade mais justa e compassiva. Purifica as estruturas corrompidas e traz luz aos lugares onde a verdade foi suprimida. Capacita-nos a ser agentes ativos nessa transformação, praticando a justiça, amando a misericórdia e caminhando humildemente contigo. Que o teu reino venha e a tua vontade seja feita aqui, trazendo cura e esperança para o nosso país. Em ti confiamos e a ti clamamos, pois só tu podes mudar o curso da história. Amém.

O que eu falei com Deus

11. Oração por sabedoria para os governantes

Senhor soberano, diante de Ti coloco os líderes desta nação, aqueles a quem confiaste a responsabilidade de governar. Clamo por Tua sabedoria sobre eles, uma sabedoria que transcende a ambição humana e busca o bem comum acima dos interesses pessoais. Que seus corações sejam inclinados à justiça, que suas decisões reflitam integridade e que suas ações promovam a paz e a equidade. Livra-os da corrupção e da cegueira moral que o poder pode trazer; ilumina suas mentes com a luz da verdade. Que sejam instrumentos em Tuas mãos para aliviar o sofrimento, defender os oprimidos e promover a dignidade de cada ser humano. Desperta neles o senso de responsabilidade que vem do entendimento de que toda autoridade provém de Ti. E que, guiados por Teu Espírito, possam conduzir este povo em caminhos de justiça e retidão. Amém.

O que eu falei com Deus

12. Oração pela união do país e cessão da briga partidária

Pai de misericórdia, olhamos para nossa nação dividida, fragmentada por disputas e rancores que nos afastam uns dos outros. Clamamos por Tua intervenção, para que a união prevaleça sobre a discórdia e o amor supere o ódio. Quebranta os corações endurecidos pela ideologia e pelo orgulho, e ensina-nos a valorizar o que nos une acima do que nos separa. Silencia as vozes que semeiam contenda e alimenta em nós o desejo sincero de reconciliação. Que possamos ouvir uns aos outros com respeito, buscar o bem comum e construir juntos um futuro de esperança. Derrama Tua paz sobre este país, uma paz que vai além da compreensão humana e tem o poder de transformar sociedades. Que Teu amor seja o laço perfeito que nos une, e que, como nação, possamos refletir a justiça e a compaixão que vêm de Ti. Amém.

O que eu falei com Deus

____

____

____

13. Oração por justiça pelos órfãos

Deus de compaixão, lembramos hoje dos órfãos, aqueles que caminham sem o amparo de uma família. Tu és o Pai dos que não têm pai, o protetor dos vulneráveis. Clamamos por justiça em favor deles, para que não sejam esquecidos ou explorados, mas acolhidos com amor e dignidade. Move corações e abre caminhos para que recebam cuidado, educação e oportunidades de um futuro melhor. Levanta pessoas e instituições comprometidas em ser Tua mão estendida, oferecendo não apenas assistência material, mas também amor genuíno. Perdoa-nos pelas vezes em que fomos indiferentes e dá-nos coragem para agir em favor dos pequenos que dependem de nós. Que a indiferença dê lugar à compaixão e que, através de nossas ações, eles possam experimentar Teu amor transformador. Amém.

O que eu falei com Deus

____

____

____

14. Oração por justiça pelas viúvas

Senhor, defensor das viúvas, lembramos diante de Ti das mulheres que perderam seus companheiros e muitas vezes são deixadas à margem da sociedade. Vê suas lágrimas, ouve seus clamores e estende Tua mão poderosa em seu favor. Clamamos por justiça para elas, para que não sejam vítimas de abandono ou exploração. Que encontrem suporte na comunidade, respeito em suas lutas e esperança em meio à dor. Desperta em nós a sensibilidade para enxergar suas necessidades e agir com compaixão. Que possamos ser agentes de consolo e provisão, refletindo Teu cuidado amoroso. Renova suas forças, Senhor, e enche seus corações com Tua paz que sustenta mesmo nos vales mais profundos. Que elas saibam que não estão sós, pois Tu és o Deus que nunca abandona os Seus. Amém.

O que eu falei com Deus

____

____

____

15. Oração por justiça pelos pobres e famintos

Deus de justiça, nossos olhos contemplam a miséria que assola tantos ao nosso redor—homens, mulheres e crianças que sofrem com a pobreza e a fome. Clamamos a Ti em favor deles, pedindo que Tua justiça se manifeste em ações concretas. Quebranta os corações insensíveis, derruba as estruturas que perpetuam a desigualdade e desperta em nós a responsabilidade de agir. Não permitas que nos acomodemos em nosso conforto enquanto tantos padecem. Ensina-nos a compartilhar o que temos, a lutar por políticas justas e a ser voz para os que não são ouvidos. Que a compaixão se transforme em movimento, e o amor em justiça. Lembra-nos de que, ao cuidarmos dos menores entre nós, estamos servindo a Ti. Transforma nossa indignação em ação e nossa apatia em compromisso, para que Teu reino de justiça e paz seja uma realidade entre nós. Amém.

O que eu falei com Deus

16. Oração por avivamento pessoal e social

Senhor, clamo a ti por uma renovação que comece em meu coração e se estenda por toda a sociedade. Desperta em mim um amor ardente pela tua verdade, removendo a apatia que tantas vezes me paralisa. Que o fogo do teu Espírito consuma o egoísmo e a indiferença, tornando-me instrumento da tua paz. Olha para nossa nação, mergulhada em injustiças e divisão, e derrama sobre ela um nova vida. Que teus filhos se levantem com coragem para enfrentar a opressão e promover a justiça. Renova as mentes e os corações, rompendo as correntes da desigualdade e do preconceito. Que a tua igreja seja um reflexo autêntico do teu amor, agindo com compaixão e verdade. Senhor, não nos deixes conformar com o estado atual, mas impulsiona-nos a ser agentes de transformação. Que teu reino venha e tua vontade seja feita entre nós. Amém.

O que eu falei com Deus

17. Oração pela glorificação do nome de Deus

Pai eterno, anseio que o teu nome seja exaltado acima de tudo. Em meio a um mundo que frequentemente te ignora, desejo que a tua glória seja revelada de forma incontestável. Usa-me, Senhor, como um espelho que reflete a tua luz, para que outros vejam em mim a tua pre-

sença. Que minhas palavras e ações apontem sempre para ti, afastando todo orgulho e vaidade. Desafia-nos como comunidade a viver de modo que o teu nome seja honrado em cada decisão. Que a criação inteira reconheça a tua majestade, e que todas as vozes se unam em louvor a ti. Não permitas que nossos erros ofusquem a tua glória, mas transforma nossas fraquezas em oportunidades para exaltar-te. Que tua grandeza seja conhecida e teu amor, experimentado por todos. Amém.

O que eu falei com Deus

____

____

____

18. Oração de louvor a Deus

Senhor dos senhores, hoje elevo meu coração em gratidão e louvor a ti. Tu és o autor da vida, a fonte de toda bondade e misericórdia. Maravilho-me diante da tua criação, das estrelas no céu ao bater do meu coração. Tua fidelidade se renova a cada manhã, e teu amor não conhece limites. Em meio às provações, tu és meu refúgio; nas alegrias, minha canção. Agradeço-te por nunca me abandonares, mesmo quando me desvio do caminho. Que meu louvor seja como incenso agradável a ti, uma expressão sincera do amor que tenho por ti. Enche-me com a tua presença, e que cada fibra do meu ser proclame a tua grandeza. Toda honra e glória sejam dadas a ti, agora e para sempre. Amém.

O que eu falei com Deus

____

____

____

19. Oração pelo sofrimento e angústia por problemas pessoais

Deus compassivo, venho a ti com o coração pesado pelas lutas que enfrento. As tempestades interiores parecem intensas, e às vezes sinto-me à beira do desespero. Clamo por teu consolo e por tua mão estendida. Ajuda-me a encontrar esperança em meio à dor e força quando me sinto fraco. Conheces cada lágrima que derramo e cada angústia que me aflige. Não permitas que o medo e a tristeza me dominem, mas renova em mim a confiança nas tuas promessas. Lembra-me de que não estou só e de que teu amor é maior do que qualquer problema. Dá-me a coragem para enfrentar cada desafio, sabendo que tu caminhas ao meu lado. Entrego-te minhas preocupações e descanso em teu cuidado. Amém.

O que eu falei com Deus

---

20. Oração por saúde psicológica

Senhor, tu que conheces os segredos mais profundos do meu ser, venho a ti buscando paz para minha mente e alma. As batalhas internas às vezes são intensas, e preciso da tua cura. Alivia a ansiedade que pesa sobre mim, dissipa as nuvens da depressão e renova minha mente com tua verdade. Ajuda-me a silenciar as vozes que trazem confusão e a ouvir tua voz de serenidade. Fortalece meu espírito, dando-me resiliência para superar os desafios emocionais. Que teu amor preencha os vazios e restaure o equilíbrio em minha vida. Ensina-me a cuidar de mim mesmo, reconhecendo meus limites e buscando apoio quando necessário. Que a tua paz, que excede todo entendimento, guarde meu coração e minha mente em Cristo Jesus. Amém.

O que eu falei com Deus

____

____

____

Outras sugestões de temas para você prosseguir sozinho:

- [ ] Oração por maturidade emocional
- [ ] Oração por saúde física
- [ ] Oração por perdão
- [ ] Oração para conhecer os meus pecados
- [ ] Oração por paciência
- [ ] Oração por sabedoria
- [ ] Oração para glorificar a Cristo
- [ ] Oração para a verdade prevalecer no mundo
- [ ] Oração por arrependimento
- [ ] Oração para restaurar o primeiro amor
- [ ] Oração pela salvação de familiares e amigos
- [ ] Oração por missionários no campo
- [ ] Oração por líderes espirituais e pastores
- [ ] Oração por discernimento nas escolhas da vida
- [ ] Oração pela paz mundial
- [ ] Oração por proteção contra tentações
- [ ] Oração pelo fortalecimento da fé
- [ ] Oração por unidade no corpo de Cristo

Quarto de guerra na prática

Interação 1: Reflexões sobre o lugar secreto

Quando você lê Mateus 6:6, como imagina o ato de entrar no seu quarto, fechar a porta e falar ao Pai em segredo? O que esse momento significa para o seu coração?

Quarto de Guerra na prática

Depois de ler sobre o lugar secreto, como o seu olhar sobre a oração mudou? O que tocou mais profundamente o seu coração sobre a importância desse encontro com Deus?

Você já teve um momento especial no seu quarto de oração, onde sentiu o abraço de Deus de maneira única? Compartilhe como foi essa experiência para você.

Quarto de Guerra na prática

Qual a importância de ter um lugar de oração separado de movimento e barulhos? Você já orou em um lugar separado e um lugar movimentado? Escreva e reflita a diferença.

Interação 2: Planejamento do quarto de guerra

Como você imagina o quarto de guerra ideal? Sabemos que a oração pode ser em todos os lugares, e que Deus ouve até mesmo as orações não faladas; mas sonhar em ter um cantinho especial para ficar com Deus não é pecado. Conte aqui como você imagina o quartinho de oração ideal:

Agora, faça um desenho sobre como você imagina este quarto. Se você não desenha bem, não se preocupe, o que vale é o coração. Deus é o melhor artista e arquiteto de toda existência!

Interação 3: Cartõeszinhos sobre oração

Destaque esses cartõezinhos e carregue-os com você, ou coloque-os em locais onde você sempre olha, para que você seja lembrada de mover e viver em oração, conforme o apóstolo Paulo ensinou: orai sem cessar!

A oração é o pulso da alma que mantém viva a esperança.

Você tem alimentado sua alma com oração ou permitido que a esperança se apague em meio à indiferença?

As promessas de Deus não são refúgios para os passivos, mas âncoras para os que avançam em fé.

Você tem alimentado sua alma com oração ou permitido que a esperança se apague em meio à indiferença?

A fé que não dialoga com Deus é apenas crença vazia.

Sua fé tem sido um relacionamento vivo ou uma tradição sem significado real?

Interceder é emprestar sua fé a quem já não consegue acreditar.

Você tem sido um suporte para fortalecer a fé dos que estão ao seu redor?

As promessas de Deus são bússolas que apontam para um propósito maior.

Você tem seguido essa direção ou está perdido em caminhos próprios?

Orar é respirar a essência divina em meio ao ar poluído deste mundo.

Suas orações têm purificado sua alma ou você tem sufocado espiritualmente?

A intercessão é o abraço invisível que alcança corações distantes.

Quem você tem abraçado através de suas orações hoje?

As promessas divinas são melodias que acalmam a tempestade interior.

Você tem escutado essa melodia ou permitido que o ruído do mundo o ensurdeça?

Orar é semear esperança nos solos áridos das circunstâncias difíceis.

Você tem plantado essas sementes ou desistiu diante das adversidades?

Interceder é insurgir-se contra a injustiça com as armas da fé.

Sua intercessão reflete uma luta por justiça ou uma aceitação passiva do mal?

As promessas de Deus são fortalezas onde encontramos refúgio em tempos de tribulação.

As promessas de Deus são fortalezas onde encontramos refúgio em tempos de tribulação.

A oração transforma lamentos em cânticos e fraquezas em força.

Você permite que a oração mude sua perspectiva ou permanece preso ao desespero?

Interceder é ser canal da graça de Deus na vida de outras pessoas.

Sua vida tem sido um canal ou inútil para a graça divina?

As promessas divinas não falham; nós é que falhamos em nelas confiar.

Em quais áreas da sua vida você precisa renovar sua confiança nas promessas de Deus?.

Orar é entregar o controle ao Único que realmente pode mudar as coisas.

O que ainda o impede de entregar completamente suas preocupações a Deus?

Interação 4: Lista de Intercessão

✓ **Família**: Inclua os nomes dos membros da sua família e seus pedidos específicos.

✓ **Amigos**: Escreva os nomes de amigos que precisam de oração.

✓ **Líderes**: Liste os líderes de sua igreja, trabalho ou comunidade.

✓ **Necessidades globais**: Inclua situações mundiais, como guerras, crises e perseguições.

✓ **Inimigos**: Adicione pessoas que desafiam sua paciência ou causam dor.

Interação 5: Diário de oração

Dia 1

O que orei:

O porquê orei:

O que Deus disse:

Dia 2

O que orei:

O porquê orei:

O que Deus disse:

Dia 3

O que orei:

O porquê orei:

O que Deus disse:

Dia 4

O que orei:

O porquê orei:

O que Deus disse:

Dia 5

O que orei:

O porquê orei:

O que Deus disse:

Dia 6

O que orei:

O porquê orei:

O que Deus disse: